Dr. Psoid O. Nühm

BULLSHIT
KANN MAN LERNEN

Erfolgstraining
für Erfolgstrainer

Text

© 2014   Dr. Psoid O. Nühm

Alle Rechte vorbehalten

Covergestaltung

© 2014   Grafi Kehr

Dieses Buch, einschließlich seiner Teile, ist urheberrechtlich geschützt und darf ohne Zustimmung des Autors nicht vervielfältigt, wiederverkauft oder weitergegeben werden.

Vorwort

An dieser Stelle gleich mein erster Tipp: Vergiss Vorwörter. Vorwörter sind reine Zeitverschwendung.

Und wenn du selbst einmal in die Verlegenheit kommst, eines schreiben? Vergiss es! Das Gleiche gilt für einleitende Worte im Gespräch. Lass das ganze Geplänkel und komm direkt zur Sache. Damit vermittelst du deinem Gegenüber, du hättest wirklich etwas Wichtiges zu sagen. Und alleine darum geht es ja schließlich!

Was ist Bullshit?

Der gute alte Brockhaus lässt diese wichtige Frage unbeantwortet. Auch auf Wikipedia gibt es keinen Eintrag zu „Bullshit". Nicht einmal auf der englischen Seite. Nur mein dickes Englischwörterbuch nennt es „sinnloses und unwahres Gerede". Diese Definition geht jedoch meilenweit an der Wirklichkeit vorbei. Zum einen beschränkt sich Bullshit keinesfalls auf den sprachlichen Gebrauch. Gerade das nonverbale Bullshitting darf unter keinen Umständen unterschätzt werden. Zum anderen ist Bullshit in den seltensten Fällen sinnlos.

Beim Bullshit, so wie wir ihn verstehen, handelt es sich um den zielgerichteten Einsatz individuell optimierter Wahrheit. Diese kann in leicht verständlicher Form vermittelt werden, um die Zielperson auf direktem Wege zu überzeugen. Eine divergente Option ist jedoch die methodische Applikation distinguierter Artikulation. Bar jeglicher struktureller Substanz intendiert der Rezitator hierbei, den Rezipienten auf rein verbaler Ebene von seiner Kompetenz zu konvinzieren.

In diesem Zusammenhang abwertend von „heißer Luft" zu sprechen, würde der Sache an sich nicht gerecht werden. Falls jemand partout bei dieser Bezeichnung bleiben will, sollte er sich vergegenwärtigen, dass auch heiße Luft enorme Kräfte entwickeln kann. Sie muss lediglich in ausreichender Menge produziert, kanalisiert und dann zielgerichtet einsetzt werden.

Man denke nur an einen Heißluftballon oder an die Dampfturbine.

Der Autor und sein Verhältnis zum Bullshit

„You have to give them bullshit". Dieser Satz und der ganze Schatz an geballter Erkenntnis, der in diesen Worten Ausdruck findet, war das Erste und Bedeutendste was ich in den Staaten gelernt habe. Offen gesagt, es war auch das Einzige, was ich von dort mit zurückgebracht habe.

Dies soll nun aber nicht heißen, dass ich hierzulande nicht ebenso zu dieser Weisheit hätte gelangen können. Dass die Welt belogen und betrogen werden will, ist auch in Deutschland und Europa nichts Neues. Nein, es war vielmehr der Klang der Worte der mich geprägt hat.

Diese wunderschöne Melodie des „you have to give them bullshit" hat sich tief in mir eingenistet und lebt seither in mir fort. Sie ist mein liebster und allzeit willkommener Ohrwurm. Wie oft am Tag zieht diese Musik wohl an meinem inneren Ohr vorüber? Diese Erkenntnis, der ich so viel zu verdanken habe. Immer dann, wenn ich in die Öffentlichkeit trete. Oft auch, wenn ich nur beim Bäcker ein paar Brötchen hole und mich in Smalltalk übe. „Bürgernähe" würde die Politik diese besondere Form des Bullshit nennen. Ja, selbst jetzt, da ich diese Zeilen schreibe, erklingt er in mir: dieser Satz, der mein Leben bestimmt wie nichts anderes.

Geschichtliches

Mehr Schein als Sein: Dieses Prinzip hat die Evolution schon äußerst früh erfunden. Der Ursprung liegt vermutlich bereits in jener fernen Zeit, in der sich aus Einzellern die ersten komplexeren Lebensformen entwickelten. Harmlose Pflanzen, die giftigen täuschend ähneln, zeugen bis heute davon. Auch im Tierreich gibt es unzählige Beispiele, wie den Kugelfisch, der sich mit Wasser „aufbläst", um größer und wichtiger zu erscheinen.

Doch erst der Mensch, die Krone der Schöpfung, hat diese Kunst zur Perfektion geführt. Wichtigste Voraussetzung dafür war die Entwicklung einer komplexen Sprache.

Ich gehe sogar soweit zu sagen, dass unsere Vorfahren nur deshalb aus ersten Schrei- und Grunzlauten eine wirkliche Sprache geschaffen haben, um so besser Nonsens und individuell optimierte Wahrheiten artikulieren zu können (den unschönen Begriff der „Lüge" meide ich – siehe Kapitel „Die Natur der Wahrheit").

Meinen Beobachtungen zufolge gehört auch heute noch der überwiegende Teil alles Gesagten und Geschriebenen einer dieser beiden Kategorien an.

Die Persönlichkeit des Bullshitters

Selbstverständlich ist jeder Bullshitter zuallererst einmal ein Alphatierchen. Dennoch ist es möglich, zwei ganz klar voneinander unabhängige Gruppen zu unterscheiden.

Da ist zum einen der ganz und gar von sich selbst überzeugte Erfolgstyp. Selbstverliebt genießt er es, sich und seine Statussymbole zu präsentieren. Er (meist aber nicht notwendigerweise männlich) stellt das Gros der Bullshitter. Die mittlere Ebene sozusagen. Diesen Typus trifft man in allen Bereichen des öffentlichen Lebens an, von der Wirtschaft über die Medien bis hinauf in die Höhen der Politik. Er glaubt an sich und an das, was er tut. Am allerschlimmsten aber: Er glaubt selbst, was er sagt. Genau deshalb wird er es nie schaffen, bis in den Olymp dieser Kunst emporzusteigen. Das Gute für ihn ist aber, dass er sich dessen niemals im Klaren sein wird.

Ganz anders der wahre Bullschitter. Er oder sie – und hier sind die Geschlechter wohl gleich stark vertreten – ist sich dessen, was er oder sie von sich gibt, genau bewusst. Er (der Einfachheit halber bleibe ich beim „Er", auch wenn das politically incorrect sein mag) setzt seinen Bullshit zielgerichtet ein und hat ausschließlich dessen Wirkung im Blick. Nur er ist lernwillig und auch lernfähig. Daher richtet sich dieses Büchlein allein an ihn.

Überflüssig zu sagen, dass ich selbst mich zu dieser zweiten Kategorie zähle.

Erfolg und seine Visualisierung

Erfolg zu haben wird oft als hehres Ziel missverstanden, zu dessen Erreichen diverse Anstrengungen unternommen werden müssen. Als Resultat also, welches am Ende eines beruflichen, gesellschaftlichen oder wie auch immer gearteten Strebens steht. Diese Ansicht ist jedoch von der Realität so weit entfernt wie ein Harry-Potter-Film. Natürlich gibt es Menschen, die durch harte Arbeit gewisse Ziele erreichen. Das will ich keinesfalls in Frage stellen oder gar kleinreden. Zum verwertbaren Erfolg, zum Erfolg also, wie wir ihn im Sinne dieses Büchleins verstehen, wird er aber erst durch die Anerkennung Dritter. Erfolg, wird erst zum Erfolg wenn er als solcher wahrgenommen wird.

Das bloße Erreichen von Zielen genügt nicht. Genau hier sind wir an dem Punkt angelangt, den die meisten Menschen nicht verstehen. Erfolg wird nicht als Folge eines natürlichen Prozesses sichtbar. Erfolg erscheint nicht so einfach am Horizont, wie ein Regenbogen, der sich zeigt, nur weil es gerade regnet und die Sonne im richtigen Winkel steht. Nein, wir müssen selbst aktiv werden um unsere Erfolge zu visualisieren. Nur visualisierter Erfolg wird von der Gesellschaft als Erfolg wahrgenommen.

Hast du das erst einmal verstanden, dann begreifst du, dass Erfolg auch völlig unabhängig vom Erreichen der oben genannten Ziele betrachtet werden kann. Die Erfolgsvisualisierung ist im Grunde ein eigenständiger Prozess. Natürlich wirst du dich vordergründig auf Ziele berufen, die du erreicht hast. Es liegt jedoch an dir, wie du diese definierst – vorzugsweise natürlich im Nachhinein. Und auch nur du allein hast es in der Hand wie du das Erreichen deiner Ziele präsentierst (siehe dazu auch: „Die Natur der Wahrheit").

Je geringer die Substanz ist, auf der du aufbauen kannst, umso größer ist die Herausforderung, daraus Erfolge zu visualisieren. Umso größer ist aber auch das Erfolgserlebnis, wenn du es dennoch schaffst. Die Visualisierung eines Erfolgs aus dem Nichts stellt somit an sich schon einen beachtlichen Erfolg dar, auf den du zu guter Recht stolz sein darfst.

Effektivität

Was nützt dir dein ganzes, schönes Leben, wenn du es mit unnützer Arbeit vertrödelst? Tu, was du willst, aber tu es so, dass du immer mit dem geringstmöglichen Aufwand den dafür maximalen Ertrag erzielst.

Sicher kennst du das 20/80-Prinzip. Wenn nicht: google das einfach mal. Ich gehe sogar soweit, es das 5/95-Prinzip zu nennen.

Nimm dieses Büchlein als gutes Beispiel. Natürlich hätte ich tage-, wochen- ja sogar monatelang recherchieren können, um dieses Buch noch besser zu machen, als es ohnehin schon ist. Doch was hätte mir das gebracht? Genau. Jede Menge Arbeit. Am Ende hätte ich es dann teurer verkaufen müssen. Dir hätte ich zugemutet, doppelt so viel lesen zu müssen. In diesem Fall hättest meinen Ratgeber sicher nicht gekauft. Somit hätte keiner von uns beiden etwas davon gehabt. du siehst, ich hatte die Situation gleich von Anfang an richtig eingeschätzt. Weil ich mich also auch beim Bücherschreiben an die Regeln der Effektivität halte, schreibe ich dieses Handbuch nun, ohne mich zuvor in irgendwelchen stickigen Archiven oder Bibliotheken herumgetrieben zu haben. Ich habe noch nicht einmal Zeit im Internet verschwendet.

All das hat natürlich noch einen zweiten großen Vorteil: Ich komme mit dieser Arbeitsweise erst gar nicht in die Versuchung etwas abzuschreiben – eine Verlockung, der ich sonst sicher erlegen wäre. So aber muss ich mich später nicht einmal mit Plagiatsvorwürfen herumschlagen (siehe Kapitel „Akademische Würden").

Vom Umgang mit Menschen

„Andere wollen dich nicht bewundern, sie wollen bewundert werden".

Nichts beschreibt die Natur des Menschen besser als diese banale Erkenntnis. Dieser Satz ist so etwas wie die Quintessenz meiner Menschenkennerschaft. Hast du das erst einmal begriffen und verinnerlicht, wird dir der Umgang mit deinen Mitmenschen leicht fallen. Du musst ihnen nur den Eindruck vermitteln, dass du dich für sie interessierst, sie ernst nimmst und, dass es dir letztendlich immer nur um ihr wohlergehen geht. Im Gegenzug werden sie dich, in allem was du sagst und tust, für glaubwürdig halten. Sie werden dir deine Produkte abkaufen, deine Einschaltquoten hochtreiben oder dich wählen.

Am Ende werden sie dich sogar bewundern. Auch wenn das gar nicht dein primäres Ziel war. Denn du stehst ja über dieser Logik.

Die Natur der Wahrheit

Mark Twain hat zu diesem Thema einen äußerst treffenden Satz geprägt:

„Die Wahrheit ist das Kostbarste, das wir haben. Gehen wir sparsam damit um!"

Damit ist eigentlich schon alles gesagt.

Sicherlich würde Mark Twain mir zustimmen, wenn ich behaupte, dass es „die Wahrheit" eigentlich gar nicht gibt. Jeder Einzelne hat seine ganz persönliche Vorstellung davon, was wahr ist. Wahrheit ist relativ. Eine leicht formbare Masse sozusagen. Sie ist am ehesten mit einem Plätzchenteig zu vergleichen. Es liegt an dir, ihr die Form zu verleihen, die dir zusagt. Durch wiederholtes Aussprechen verfestigt sich diese Form. Wie beim Backen der Plätzchen. Und siehe da, sie schmeckt dir.

Wenn die absolute Wahrheit nicht existiert, dann gibt es logischerweise auch ihr Gegenteil nicht. Genau aus diesem Grunde spreche ich nur ungern von Unwahrheiten oder gar von Lügen, sondern allenfalls von individuell optimierter Wahrheit.

Die Sprache

Die positive Wirkung distinguierter Artikulation kann nicht wichtig genug genommen werden. Durch die Wahl adäquater Worte wird es dir auch ohne jegliche strukturelle Substanz fast immer gelingen, deinen Gesprächspartner von deiner Kompetenz zu konvinzieren.

Ich weiß, ich wiederhole mich. Aber dieser Satz gefällt mir nun einmal äußerst gut. Ich kann ihn nicht oft genug schreiben. Schließlich habe ich Stunden mit dem Fremdwörterbuch zugebracht, bis ich ihn soweit hatte (selbst wenn das eigentlich meiner effektiven Arbeitsweise widerspricht).

Leider übersetzen alle diese Wörterbücher lediglich bildungssprachliche Ausdrücke in allgemein verständliches Deutsch. Für unsere Zwecke wäre ein Nachschlagwerk in umgekehrter Richtung mehr als sinnvoll. Das ist eine wirkliche Marktlücke.

Anglizismen etc.

Mit Anglizismen verhält es sich wie mit den vier Grundrechenarten. Ihr regelmäßiger Gebrauch in korrekter Form wird geradezu vorausgesetzt. Andererseits kann man damit heutzutage keinen besonderen Eindruck mehr machen. Ganz im Gegenteil: Ein Brush-Up unserer Sprache durch die exzessive Verwendung von Anglizismen und vor allem natürlich deren falscher Einsatz können sogar backfiren. You know what I mean?

Sich in unserer globalisierten Gegenwart als Weltbürger zu beweisen, erfordert von uns, dass wir uns anderen Sprachen zuwenden. Keine Angst, du musst diese Sprachen natürlich nicht alle lernen. Wähle einfach drei oder vier von ihnen aus. Am besten die, die dem zu erzielenden Image am besten entsprechen. Dann musst du dir nur noch aus jeder dieser Sprachen fünf bis zehn Ausdrücke merken und diese möglichst oft einstreuen. Damit meine ich jetzt aber nicht die Fremdwörter lateinischen und altgriechischen Ursprungs. Diese solltest du selbstverständlich ohnehin einsetzen, um deine klassische Bildung unter Beweis zu stellen. Durch ein passendes lateinisches Wort wird ein ordinärer Gehirnfurz schnell zum wichtigklingenden flatus cerebri.

Zurück zu den modernen Sprachen. Hier ist Französisch diejenige, mit deren Hilfe du am besten deine Kompetenz auf kulturellem Gebiet zum Ausdruck bringen kannst. Ab und zu ein „en detail" oder auch ein „par excellence" eingestreut wirkt schon Wunder. Von unermesslichem Wert aber werden sich deine wenigen Wörter der Gourmetsprache erweisen. Amuse-bouche, hors d'oeuvre und ein paar französische Gerichte werden bei deinem Gesprächspartner einen bleibenden Eindruck hinterlassen. Er wird dich als feinsinnigen Vertreter kultivierter Lebensart in Erinnerung behalten.

Einen vergleichbaren Effekt erzielst du mit Italienisch. Ein Hinweis auf „il dolce far niente" während deines letzten Aufenthalts im Landhaus bei Siena löst bei allen positive Gefühle aus, ob sie es nun verstehen oder auch nicht. Mit Italienisch wirst du es übrigens auch viel leichter haben als mit Französisch. Zum einen aufgrund der einfacheren Aussprache. Vor allem aber weil du eigentlich gar keine Wörter lernen musst. Allein schon durch den korrekten Gebrauch des italienischen Plurals bei Pizza oder Espresso wirst du zum versierten Italienkenner. Achte einfach auch in Deutschland immer darauf, dass du Espressi sagst, wenn du mehr als einen bestellst. Im umgekehrten Fall wird es dir zugutekommen, wenn du weißt, dass man vom Spaghetto spricht, wenn man nur eine dieser langen Nudeln meint. Gut, wirst du nun sagen, wann spricht man schon einmal von Spaghetti im Singular? Schließlich bestellt man sich keine einzelnen Nudeln. Falsche Logik! Gerade weil er im normalen Sprachgebrauch so selten ist, gibt der der Singular Spaghetto dir eine wunderbare Gelegenheit, deine Bildung zu beweisen.

Vergleiche einfach irgendetwas Langes, Dünnes mit einem Spaghetto.

Spanisch und Portugiesisch eignen sich für unsere Zwecke eher weniger. Ein allzu kollegiales „vamos" beim Aufbruch klingt ganz schnell nach Ballermann. Bei Portugiesisch, der Nuschelversion des Spanischen, läufst du sogar Gefahr, dass dein Gegenüber bei dir einen Sprachfehler vermutet. Das wäre nun wirklich kontraproduktiv.

Somit haben wir die romanischen Sprachen dann auch schon abgehandelt.

Wer sich wirklich von der Masse abheben will, wendet sich ohnehin den ostasiatischen Sprachen zu, und da am einfachsten dem Japanischen. Aufgrund zahlloser Bücher über das Toyota-Qualitätssystem besteht vor allem in Kreisen des produzierenden Gewerbes, allen voran der Automobilindustrie, geradezu eine Erwartungshaltung in diese Richtung. Hier genügen dir die drei Wörter „kaizen", „gemba" und „poka yoke" als Grundausstattung. In der Industrie sind sie so etwas wie der Zugangscode in die Welt der Qualitätsfanatiker und Produktions-Optimierungs-Junkies. Richtig punkten kannst du in diesem Umfeld, wenn du vom „monozururi" sprichst und dann erklärst, bei der Herstellung müsse die Identifikation mit dem Produkt im Vordergrund stehen.

Du wirst nun vielleicht einwenden, dass das zu viele vor dir schon so gemacht haben. Mag sein. Wenn du also wirklich den Trendsetter spielen willst, dann versuch's mit ein paar koreanischen

Wortfetzen. Damit betrittst du sicher Neuland und wirst vor allem in der Elektronikindustrie auf offene Ohren stoßen.

Exotischere Sprachen wie Suaheli oder Quechua eignen sich eher dazu, im privaten Umfeld deine Weltgewandtheit unter Beweis zu stellen.

Von Holländisch oder Schwäbisch solltest du hingegen ganz absehen.

Das gepflegte Gespräch

Falls du ein Weinkenner bist, gebührt dir meine volle Anerkennung. Du darfst die folgenden Zeilen direkt überspringen.

Wenn du von Wein keine große Ahnung hast, solltest du eine ganz einfache Strategie anwenden, sobald das Thema auf den leckeren Rebensaft kommt. Merk dir einfach den Namen eines Bordeaux-Weinguts (aber nicht gerade das Château Mouton Rothschild – das kennt nun wirklich jeder). Sagen wir das Château XY. Diesen Namen lässt du in der Konversation fallen, zum Beispiel, weil du vom Potential des dortigen 2010ers überzeugt bist und gerade wieder ein paar Kisten davon eingelagert hast – 2010, wirklich ein Cabernet Sauvignon-Jahr par excellence. Solch ein Geschwätz kann nun wirklich jeder von sich geben. Dennoch rate ich dir dazu. Beim Schachspielen würde man diesen Zug als Gambit bezeichnen. Denn wenn dein Gesprächspartner sich zufällig gerade mit dem Château XY auskennt, oder auch nur blufft, indem er den 2010er mit dem ebenfalls herausragenden 2009er vergleicht, ziehst du dein Trumpfass aus dem Ärmel. Du äußerst einfach deine Ansicht, dass die Bordeauxweine ohnehin viel zu sehr Mainstream seien und dein Sommelier-Herz an den Terrassen des Lavaux und im Wallis schlage. Mit Schweizer Weinen kennt sich fast niemand aus. Du wirst sehen, auf diesen linken Haken hin wird dir ein Themawechsel auf sicheres Terrain problemlos gelingen. Dein Gegenüber wird es dir danken, erspart es ihm doch die Blöße, als önologischer Dilettant entlarvt zu werden.

Was ich eben exemplarisch für Wein ausgeführt habe, lässt sich auf alle Bereiche des Lebens übertragen. Mit einer vernünftigen Halbbildung in Verbindung mit einem gesunden Selbstbewusstsein wirst du jedes Smalltalkduell für dich entscheiden.

Aber Vorsicht! Smalltalk ist kein Selbstzweck und nur der selbstverliebte Bullshitter der ersten Kategorie wird versuchen sich bei jedem Thema als King of Kotelette zu positionieren. Du hingegen solltest dich als kompetenten und angenehmen Gesprächspartner in Szene setzen. Dabei will ich dich an die universellste all meiner psychologischen Erkenntnisse erinnern:

Andere wollen dich nicht bewundern, sie wollen bewundert werden.

Das gilt ganz besonders, wenn du dich mit einem Spezialisten über dessen Fachgebiet unterhältst. Alles steht und fällt mit deiner Fähigkeit, einen echten Experten sofort als solchen zu erkennen (das ist nicht immer einfach – da draußen wimmelt es nur so von Blendern).

Einem wirklichen Experten gegenüber musst du dich vor allem interessiert zeigen. Versuche, den Ausführungen deines Gesprächspartners zu folgen. Nachfragen ist erlaubt und sogar erwünscht, falls dieser ins Fachchinesisch abdriftet. Aber versuche nicht selbst auf seinem Niveau mit ihm fachzusimpeln.

Ein kurzes Fazit: Beim gepflegten Gespräch geht es zunächst darum einen guten Eindruck zu machen. Dazu musst du dich als gebildet und kultiviert darstellen – und zwar absolut glaubwürdig. Du tust das aber nicht, um selbst bewundert zu werden, sondern damit deine Wertschätzung dem anderen gegenüber noch mehr Gewicht erhält.

Nur wenn du all das berücksichtigst, wirst du bei späteren Gelegenheiten die Früchte ernten können, die du beim Smalltalk gesät hast.

Das gilt im Übrigen auch ohne jegliche Abstriche für Kontakte zum anderen Geschlecht – du weißt schon, wovon ich rede.

Nonverbale Kommunikation

Zu Mimik und Gestik sind bereits unzählige Bücher erschienen. Mein Tipp: Kauf dir eines davon, lies es und richtete dich danach. Du wirst merken, dass es gar nicht so einfach ist. Daher hast du es definitiv am einfachsten, wenn du ein Naturtalent bist. Aber dieser Tipp wird dir wahrscheinlich nicht allzu viel helfen.

Outfit

Kleide dich angemessen!

Schuhe

Was nützt dir ein Anzug von Boss, wenn deine Schuhe aussehen, als gehörten sie irgendeinem Hugo?

Tu mir bitte den Gefallen und trage ausschließlich rahmengenähte Schuhe, wenn du in die Öffentlichkeit trittst. Englische Handarbeit aus Boxcalf-Leder versteht sich. Und benutze Schuhspanner! Aber bitte nur die guten aus kaukasischem Walnusswurzelholz. Deine Schuhe und mit ihnen dein Ansehen sollten es dir wert sein.

Statussymbole

„Mein Haus, Mein Auto, Meine Jacht!" Warum denn auch nicht? Wenn du Spaß daran hast.

Du musst ja nicht unbedingt Abzüge deiner liebsten Errungenschaften mit dir herumtragen. Es reicht völlig, wenn du diese als Bildschirmschoner auf dem Smartphone installiert hast.

Am wirkungsvollsten sind aber immer noch all diejenigen Zeichen wirtschaftlicher Unabhängigkeit und guten Geschmacks, die du am Körper trägst. Solltest du das Glück haben, eine Frau zu sein, dann stehen dir jede Menge Möglichkeiten zur Verfügung, stilvoll deinen (selbstverständlich echten) Schmuck zu platzieren.

Die Herren der Schöpfung müssen sich da mit dem Armgelenk zufriedengeben. Selbstverständlich kannst du es auch als Mann mit einem Zungenpiercing versuchen. Allerdings vertreten Geschäftspartner die den Wert deines Anderthalbkaräters zu schätzen wissen in der Regel eher konservative Ansichten. Sie reagieren meist zurückhaltend, wenn sich Essensreste auf einer der 57 Facetten deines Brillant-Piercings zeigen.

Daher mein Rat: Häng dir dein Geld ans Armgelenk. Neben Manschettenknöpfen – vorzugsweise Einzelanfertigungen – ist da vor allem die klassische Armbanduhr zu nennen. Hier solltest du die großen Marken meiden. Die kleineren Manufakturen aus Genf oder Schaffhausen stehen für mehr Individualismus.

Wichtiger noch als die Uhr selbst ist die Art wie du sie trägst. Schaff dir beispielsweise für jeden Wochentag eine eigene an. In diesem Fall solltest du am besten auf sieben unterschiedliche Modelle desselben Herstellers zurückgreifen. Diese Geste drückt Kontinuität aus und signalisiert Zuverlässigkeit.

Eine andere Möglichkeit besteht darin, die Uhr am rechten, statt am linken Arm zu tragen. Das macht vor allem dann Sinn, wenn du von ganz besonderem Sendungsbewusstsein erfüllt bist und dich von einer Schar Jünger anbeten lassen willst. Diese können dann auch ihre Uhren rechts tragen, um sich von den Noch-nicht-Erleuchteten abzugrenzen. Zugegeben, die Idee ist nicht ganz neu. Aber du musst ja das Rad nicht neu erfinden.

Akademische Würden

Jetzt mal ehrlich! Hättest du dieses Büchlein gekauft, wenn mein Name ganz schlicht und einfach „Psoid O. Nühm" wäre? Das klingt ja fast wie Lieschen Müller oder Max Mustermann.

Nein!

Bei „Dr. Psoid O. Nühm" hingegen warst du dir von Anfang an sicher, du konntest ein Werk mit Niveau erwarten.

Diese Logik findet in allen Bereichen unseres Lebens ihre Anwendung.

Nehmen wir als Beispiel den freundlichen Herrn oder die nicht minder liebenswerte Dame, die uns mit viel Gefühl Löcher in die Zähne bohrt, um diese dann gleich wieder zu füllen. Diese Arbeit erfordert neben fundierten zahnmedizinischen Kenntnissen auch noch die Kunstfertigkeit eines Bildhauers und die Geschicklichkeit eines Edelsteinschleifers. Doch erst durch das kurze „Dr." im Namen unseres Zahnarzts fühlen wir uns wirklich gut aufgehoben, sobald sich der Behandlungsstuhl in die Horizontale senkt. Wen kümmert's da schon, dass das Thema seiner Doktorarbeit meist gar nichts mit der konkreten Behandlung zu tun hatte?

Oder denk mal an den erfahrene Hausarzt, der von Pruritus sine Materia des Corpus cavernosum recti spricht sobald's im Popo juckt. Auch er wäre sicher genauso zu dieser Diagnose gelangt, wenn er dreißig Jahre zuvor nicht über die Funktion irgendwelcher Proteine promoviert hätte.

Dennoch erwarten wir alle den „Dr.". Bei verschiedenen Berufsgruppen ist er geradezu unverzichtbar. Nicht nur bei Medizinern. Und warum? Weil dieser Titel für Bildung und vor allem für Seriosität steht (er wird in dieser Hinsicht nur noch durch „Prof. Dr." getoppt, aber wir wollen es ja nicht gleich übertreiben).

Fakt ist, die Gesellschaft erwartet diese akademische Auszeichnung von dir. Du kannst ihre Erwartungshaltung nicht einfach ignorieren und meinen du könnten ohne adäquaten Titel einfach so weiterwursteln. Ja klar, die Messlatte liegt hoch, in einigen Disziplinen höher als in anderen. Wissenschaftliche Arbeit erfordert Zeit. Und du stehst mitten im Leben, hast vielleicht Familie, sicher auch gesellschaftliche Verpflichtungen. Dein Häuschen in der Toskana willst du auch nicht vernachlässigen. Da ist es nur allzu verständlich, dass dir daran liegt, die Angelegenheit möglichst effektiv zu managen.

Hättest du mich vor zwanzig oder dreißig Jahren gefragt, wäre mein Rat ganz einfach gewesen. Viele sind in jener Zeit ihrer eigenen Vorstellung von gewissenhaftem Arbeiten gefolgt. Aber damals war es ja unvorstellbar, was das Internet und Textvergleichssoftware alles anrichten würden. Das war wirklich nicht zu erwarten. Die angehenden Doktoren haben damals im guten Glauben und mit bestem Gewissen gehandelt. Und genau deshalb ist die Hexenjagd nun zutiefst ungerecht. Stell dir einfach vor, durch verbesserte Analysetechnik könnte man dir heute nachweisen, dass du vor zwanzig Jahren zwei Bier zu viel hattest, als du deinen Wagen in die Garage gefahren hast. Wo du doch damals ganz sicher sein konntest, dass kein Streifenwagen in der Nähe war. Wie würdest du dich fühlen?

Das ist genau die Situation, in der sich hochangesehen Mitglieder unserer Gesellschaft plötzlich widerfinden. Nur weil es ein paar neunmalklugen Computerfreaks Spaß macht, sich aufzuspielen.

Alles Lamentieren hilft hier aber nichts. Dir bleibt nichts übrig, als dich der Herausforderung zu stellen.

Die „schmerzlose Promotion", wie ich sie nenne, ist keinesfalls unmöglich geworden. Nur eben wesentlich kostenintensiver. Heutzutage geht der einzige Weg über einen guten Ghostwriter. Und der will nun mal ordentlich vergütet werden. Stell aber auf jeden Fall sicher, dass dein treuer (teurer) Helfer nicht trickst. Mach ihm klar, dass du Copy-&-Paste keinesfalls tolerieren wirst. Lass ruhig durchblicken, dass du seine Texte einer gründlichen Kontrolle durch einen Plagiatsjäger unterziehen lässt.

Sport

Von Sport solltest du dich fernhalten.

Ich meine damit nicht Deine Skitrips nach Kitzbühl oder Ischgl. Sorry, Snowboardtrips, wenn du dich als besonders junggeblieben zeigen willst. Nein, die gehören ja eigentlich zum Pflichtprogramm. Du solltest auch weiterhin zum Golfen gehen und keinesfalls auf die Segelturns durch die Grenadinen verzichten, sofern das deinem Networking nützt.

Was ich sagen will: Du solltest unter keinen Umständen dein Glück im Rampenlicht des Leistungssports suchen. In der Welt des „Schneller, Weiter, Höher" regieren die Messtechnikfetischisten. Kleingeister, die sich nur an zahlenmäßig Belegbarem ergötzen. Wie willst du in solch einem feindlichen Umfeld all das nutzbringend anwenden, was du aus diesem Büchlein bisher gelernt hast?

Eine Ausnahme bilden allenfalls die Mannschaftssportarten, allen voran der Fußball. Hier erfreut sich das Bullshitting bekanntermaßen einer langen Tradition. Ich rate dir aber dennoch dringend davon ab, dort aktiv zu werden. Zu beschwerlich ist der Weg an die Spitze. Denn genau dort müsstest du hin, um dein außersportliches Talent voll ausspielen zu können. Und außerdem, stell dir nur einmal vor, du müsstest jeden Samstag auf dem Platz verbringen. Nein, das ist sicher kein Leben für dich.

Wenn jedoch die Welt des runden Leders eine so unwiderstehliche Anziehung auf dich ausübt, dass du meinem Rat partout nicht folgen kannst, dann suche dein Glück nicht als aktiver Balltreter zu suchen sondern an höherer Stelle. Jetzt denkst du sicher ich spreche vom Job eines Bundesligatrainers. Weit gefehlt! Das ist nun wirklich nur was für Masochisten, die sich freuen, wenn die ganze Nation auf ihnen herumprügelt. Da kannst du ja gleich Chef der Deutschen Bahn werden oder „Wetten Dass?" moderieren.

Nein, ich rede von der Erfolgsberatung für Trainer.

Von der Bezirksliga bis zur 1. Bundesliga gibt es Tausende von Trainern. Ein riesiger Markt! Und denk immer daran: Mehr als jeder Zweite hat am vergangenen Samstag sein Spiel verloren oder allenfalls ein Unentschieden zustande gebracht. Sie alle haben ein gutes Erfolgstraining bitter nötig, und sie wissen es. Es liegt also an dir, dieses Feld zu bestellen.

Nun hast du sicher verstanden, worauf es beim Sport ankommt. Solltest du dennoch mit deinem gestählten Körper auf direktem Wege nach Ruhm und Ehre streben, kommst du vielleicht auf die Idee, dich in Extremsportarten zu versuchen. Gut, ich muss dir recht geben. Hier kann man mit einer neuen Idee und einer gewaltigen Portion Abgebrühtheit einiges erreichen. Aber auch im Extremsport gibt es kaum etwas, was es noch nicht gibt. Das Einzige, was mir da so spontan einfällt, ist das Marathonkriechen durch kommunale Abwasserkanäle. Das wäre vielleicht noch Neuland.

Pseudonyme

Denk immer daran: Any promotion is good promotion. In der Regel kann dir das, was du zu sagen hast, nur nützen. Das gilt natürlich in noch viel größerem Maße für all das, was du von dir gibst, ohne irgendetwas damit zu sagen. Diese zweite Kategorie dürfte ohnehin die meisten Fälle abdecken, in denen du dich in der Öffentlichkeit äußerst.

Du solltest den Gebrauch eines Pseudonyms daher im Vorfeld gründlich überlegen. Es ist ein Mittel zum Zweck. Du solltest dich seiner nur bedienen, wenn du, aus welchen Gründen auch immer, die Wahrheit sagst, ohne sie zuvor in deinem Sinne geformt zu haben. Dann aber ist äußerste Vorsicht angebracht. Trittst du erst einmal unter den schützenden Schirm eines nom de plume hinaus in die Öffentlichkeit, so achte unter allen Umständen darauf, diesen Schutz so sicher zu gestalten, als handele es sich hierbei um die Bank von England oder Fort Knox.

Nimm wieder einmal mich als Beispiel. Damit dieses Büchlein nicht zu meinem Outing und somit zu meinem persönlichen Desaster wird, habe ich nicht nur einen sehr passenden Namen angenommen, sondern die Veröffentlichung auch noch über ein System von Strohmännern abgesichert. Es versteht sich von selbst: je verschachtelter der Aufbau, umso besser kann man sich auf so ein Konstrukt verlassen.

Nachwort

Nachwörter sind genauso unnütz wie Vorwörter (siehe „Vorwort").

Dennoch zum Abschluss noch eine kurze Bemerkung im Bezug auf das vorhergehende Kapitel:

Bei der Verleihung des Literaturnobelpreises, für den ich aufgrund der überragenden Qualitäten dieses Werks ganz sicher in Frage komme, werden meine Prinzipien ganz sicher auf eine harte Probe gestellt. Die Freunde in Stockholm verlangen nämlich, in einem Fall wie diesem, den Schleier eines Pseudonyms zu lüften.

www.ingramcontent.com/pod-product-compliance
Lightning Source LLC
Chambersburg PA
CBHW020958180526
45163CB00006B/2413